COMO GANHAR DINHEIRO DE CASA FACILMENTE

OBTER EMPREGOS ONLINE PARA MULHERES E HOMENS, INICIAR UM NEGÓCIO ONLINE RAPIDAMENTE E FACILMENTE A PARTIR DE SEU QUARTO

Jessy M. Brown

Primeira Edição

Tabela de Conteúdos

Introdução

Foste para a escola e formaste-te. Passaste anos a aperfeiçoar as tuas capacidades e a construir uma carreira. És mãe e as tuas prioridades estão a mudar muito. No entanto, graças ao actual clima económico, a sua necessidade de ganhar dinheiro continua a existir.

Podes ter tudo? Podes ser mãe a tempo inteiro e ainda ter uma carreira lucrativa e gratificante?

A resposta é sim, se aprenderes a equilibrar a tua vida. Uma das maneiras mais fáceis de ter tudo isso e desfrutar de um senso de equilíbrio é fazer as coisas por conta própria e se tornar uma mãe que fica em casa. Com sua experiência profissional, anos de experiência e determinação, você pode fazer isso acontecer.

No entanto, a mudança do trabalho no campo ou em um escritório para o trabalho em casa é um grande passo. Antes de mergulhar no prospecto, é uma boa ideia fazer um balanço das suas hipóteses de prosperar em casa. Para algumas pessoas, brilhar como mãe e destacar-se no local de trabalho requer uma pequena separação. Para outros, o trabalho em casa é perfeito para eles.

Assim que decidir se trabalhar em casa é o melhor para si, haverá muito mais a fazer. O próximo passo é determinar quais são suas perspectivas e como superar alguns dos obstáculos que invariavelmente estarão em seu caminho. Não te preocupes, podes saltar obstáculos com relativa facilidade se realmente quiseres.

Há uma variedade de oportunidades de carreira para mães que trabalham em casa. Se você não quiser continuar em seu campo atual, você pode transferir algumas de suas habilidades para outra área de especialização. Há mesmo alguns lugares incríveis para ir para o treinamento ou reciclagem, mesmo de casa, se você quiser algo completamente novo.

Se você se sente atraído por um contrato de trabalho, encontrar um emprego não será um grande problema. O mundo está a mudar. Graças a isto, muitos empregadores oferecem empregos a tempo parcial, a curto prazo e mesmo a longo prazo através da Internet. Estes são perfeitos para trabalhadores domésticos.

Quando começares a encontrar trabalho, provavelmente terás de pôr mais algumas coisas no lugar. É provável que surjam questões sobre escritórios em casa, benefícios e outros aspectos técnicos. Ao explorar suas oportunidades, preparar seu escritório em casa e estabelecer uma vida que não envolva estar longe de seu filho, este e-livro é seu guia.

Juntos podemos tornar realidade os seus

sonhos de trabalhar em casa e ainda ter tempo para a sua realidade familiar!

Tens de considerar isso...

Quando você olha nos olhos de seu filho, a idéia de vestir um terno e voltar para o escritório provavelmente será um pouco surpreendente. Ficar em casa e trabalhar em casa pode ser uma experiência incrível para você e seu filho. No entanto, também pode ser um pesadelo florescente. Tudo depende de como você e sua família podem lidar com a transição. Algumas mulheres e suas famílias prosperam melhor quando o trabalho é mantido no trabalho. Outros brilham no ambiente de negócios da casa. Não importa o caminho que você escolher, desde que funcione para você, é perfeito!

Então, *como podes determinar se trabalhar em casa é o que realmente gostas?*

Primeiro, vai querer examinar a sua

situação financeira. Para iniciar com sucesso uma carreira a partir do escritório em casa, pode ser útil ter um pouco de espaço para respirar financeiramente. Tenha em mente, no entanto, que ao ficar em casa, você também vai economizar um pouco de dinheiro.

Além das questões do dólar, há perguntas que você terá que fazer a si mesmo e também ao seu cônjuge e familiares. Para fazer um negócio baseado em casa real ou mover sua carreira em casa em tempo integral, você vai precisar ter a personalidade certa para fazer isso. Além disso, você também pode precisar de algum apoio familiar sério.

Vamos dar uma olhada em algumas das coisas que você vai querer considerar para ajudá-lo a decidir se trabalhar em casa é para você.

➤ *EXPLORAR O LADO FINANCEIRO DAS COISAS*

Trabalhar em casa pode ser muito

lucrativo para muitas mães. No entanto, pode exigir um pouco de tempo para obter um fluxo de caixa constante. Com isto em mente, há uma série de coisas que você vai querer examinar antes de decidir mergulhar com ambos os pés. Se achares que o momento não é o certo, não te preocupes muito. Você ainda pode trabalhar em um negócio home em fins de semana ou à noite e tentar construí-lo rapidamente para que você possa ficar em casa em tempo integral em um piscar de olhos.

Os princípios básicos a considerar com as finanças incluem:

Seu orçamento mensal: Analise cuidadosamente suas contas mensais e o valor da sua contribuição. Retire coisas do orçamento que não estarão mais no lugar, como cuidados infantis e custos de transporte. Agora, tenha em mente que pode levar um pouco de tempo para construir um negócio suficiente para cobrir contas e outras despesas. Se a sua contribuição é essencial para os resultados financeiros da sua família, verifique as suas poupanças. Tem o suficiente para cobrir a sua contribuição durante pelo menos três meses? Seis ou doze seria ainda melhor. Esta base está coberta? Se não, considere a transição para o trabalho a tempo inteiro em casa como você construir um fundo de reserva para se cobrir. Tomar um caminho lento e constante na direção certa é melhor do que não tomar o caminho! Com um pouco de tempo e dedicação, você pode tornar seu sonho realidade.

Suas despesas adicionais antecipadas: Começar um negócio home pode custar-lhe o capital inicial. Além de certificar-se de que sua família está coberta financeiramente durante a transição, você precisará de dinheiro para abrir um escritório, comprar equipamentos, fazer propaganda, obter licenças e talvez seguro, etc. É possível obter um pequeno empréstimo para estas coisas e também para ajudar a cobri-las durante os meses iniciais. Tenha em mente, no entanto, que isso vai começar o seu negócio no vermelho. Às vezes é melhor salvar e abrir os livros em preto.

A Estimativa da "Zona Vermelha": Embora você não seja capaz de planejar exatamente quando o seu negócio vai começar a ganhar dinheiro por dia, você pode fazer uma estimativa bastante sólida. Seja realista e preveja pelo menos um período de três meses para um bom desenvolvimento. Isto irá ajudá-lo a determinar a quantidade de carga que necessita na sua conta bancária para se manter confortável à medida que constrói o seu negócio.

O lado financeiro das coisas pode ser uma grande consideração quando você decide parar de trabalhar em um escritório e fazer a transição para o seu próprio negócio. Certifique-se de que as bases estão cobertas. Algumas das opções que podem ajudá-lo a incluir empréstimos, subsídios, poupanças ou até mesmo começar a trabalhar a tempo parcial com o negócio para construí-lo. No entanto, o dinheiro não é a sua única preocupação.

Sua personalidade

Trabalhar em casa é perfeito para algumas pessoas, mas não para outras. Seja como for, está tudo bem, desde que saibas onde estás. Você pode ser uma excelente mãe e trabalhar longe de casa. Para algumas pessoas, trabalhar em casa e tentar ser pais a tempo inteiro não funciona em benefício de todos os envolvidos. Tudo se resume à personalidade.

Então, *tens o que é preciso para fazeres carreira em casa?* Faça a si mesmo estas perguntas e responda honestamente:

Sou autodisciplinado? O trabalho em casa ainda funciona. Adicione um bebê, criança pequena ou criança pequena e o trabalho torna-se dois em um com segurança. Para gerir um negócio ou mesmo para trazer o seu emprego a tempo inteiro para um ambiente de teletrabalho, você terá que ter disciplina. Se você é do tipo que tende a se perder quando um chefe não está olhando por cima do seu ombro, deixar para trás o mundo do trabalho do dia-a-dia pode não ser para você. Há maneiras de superar este obstáculo, mas primeiro é preciso um pouco de autodisciplina.

Posso ficar sem ter a interação de um "adulto"? Trabalhar em casa significa passar muito tempo com pessoas pequenas. Algumas mães prosperam em ambos os empregos quando as mantêm separadas. A verdade é que as mães que trabalham em casa muitas vezes não têm tempo para comunicar com os adultos. Para alguns, este não é um problema a ultrapassar. Outros, no entanto, acham que lidar com clientes por telefone ou e-mail não é suficiente para a interação entre adultos.

Estou suficientemente motivado para conseguir isto? O trabalho num escritório tende a ser motivador por si só. Mesmo aqueles que estão atrasados podem prosperar em um ambiente onde os prazos são estabelecidos por outros, o trabalho é negligenciado e o salário depende do desempenho. Trabalhar em casa é realmente um jogo diferente. Se você está motivado e tem um histórico de ser um empreendedor, é provável que você se saia bem.

Posso definir as horas e mantê-las? Trabalhar em casa apresenta o perigo de se preparar para trabalhar demais. Muitas vezes é melhor definir as "horas de expediente" e cumpri-las. É claro que você vai querer tirar uma folga de vez em quando para visitar um parque, ver uma peça da escola e assim por diante. Tudo bem! A questão é, consegues seguir um horário sem um chefe regularmente?

Trabalhar em casa parece divertido e gratificante. Para muitos, é. Outros simplesmente descobrem que não prosperam neste ambiente. Seja honesto consigo mesmo e você escolherá o caminho certo a seguir.

➢ *A FAMÍLIA EM PRIMEIRO LUGAR*

Quando você decide trabalhar fora de sua casa, você não é o único que será afetado pela decisão. Seu marido, filhos mais velhos e qualquer outra pessoa que viva na casa também sentirão os efeitos. Na maioria dos casos, ter a mãe em casa é importante. As famílias, no entanto, terão de intervir e ajudar. Se eles não apoiarem a sua decisão, o seu negócio pode estar morto na água antes de começar.

Então, *o que você precisa da sua família para que o seu negócio em casa tenha sucesso?* Certifica-te que a tua família está disposta a fazer isso:

Ajuda em casa: Pode ser muito tentador para os membros da família deixar tudo para você fazer só porque você está em casa. Embora eles possam ter ajudado a

17

cozinhar, fazer compras, lavar roupa, etc., quando você trabalhou fora de casa, isso pode parar se você não for proativo em estabelecer os limites agora. É muito fácil para os cônjuges e filhos mais velhos a pensar que só porque a mãe está trabalhando em casa, ela está sempre mais disponível para lidar com outras tarefas. Embora você possa ser capaz de fazer mais se você pode fazer várias tarefas ao mesmo tempo, você não será capaz de fazê-lo todos os dias.

Mantenha-se a bordo: Certifique-se de que você e o seu parceiro discutem totalmente a ideia de trabalhar em casa antes de mergulhar. Se você não tiver 100% de apoio do seu parceiro, você provavelmente terá que travar uma batalha difícil. Não se esqueça de discutir a situação com a mente aberta. Se houver resistência, compartilhe seu plano de negócios, orçamento e outros materiais de apoio. O mais provável é que o seu parceiro goste da ideia de o seu filho não ser criado fora de casa. Certifica-te de que o teu parceiro está a bordo e ele fica assim.

Ajudar em uma pitada de malabarismo na vida em casa e no escritório é difícil não importa o que aconteça. Se você está dirigindo seu próprio negócio, há momentos em que você vai ter que deixar cair a bola proverbial nas tarefas domésticas, cuidados infantis ou algo assim. Com isso em mente, pode ser imperativo para o seu negócio e suas chances de sucesso que você tenha planos de contingência para emergências. Seu cônjuge está disposto a tirar um dia de folga para cuidar de uma criança doente se você tem uma grande venda que você precisa fazer? Crianças mais velhas ou avós vão buscar uma criança mais nova quando você não pode estar lá? Certifique-se de que tem um bom sistema de apoio e metade da sua batalha será ganha.

Trabalhar em casa pode parecer

glamoroso e excitante. Nem sempre é assim. Pode apresentar uma série de obstáculos que devem ser ultrapassados para garantir o sucesso. Antes de mergulhar nesta aventura, você e sua família devem realmente explorar se esta idéia é certa para você. Se assim for, pode ir a toda a velocidade para se divertir enquanto ganha dinheiro e também para aproveitar o tempo com os seus filhos.

Os benefícios de se tornar uma mãe trabalhadora podem ser impressionantes. Se você precisa desesperadamente de mais tempo com seus filhos e quer estar lá para eles, mas ainda tem obrigações financeiras para com sua família, esta pode ser a melhor solução. Simplesmente tome o tempo necessário para examinar a situação de perto.

Como superar obstáculos?

Não importa que tipo de negócio você espera iniciar ou mesmo se você pretende se tornar um teletrabalhador para o seu negócio existente, haverá obstáculos que você terá que enfrentar. Das finanças aos seus próprios medos de isolamento, trabalhar em casa o tempo todo não é necessariamente arco-íris e sol todos os dias. Terás dias bons e dias maus. Até vais enfrentar obstáculos que te impedem de começar. Felizmente, há coisas que você pode fazer para lidar com quase todos os obstáculos que se interpõem no seu caminho.

✓ *BLOCOS FINANCEIROS*

Talvez o maior obstáculo que impedirá a criação de uma empresa baseada em casa seja a questão do dinheiro. Isto pode não se aplicar se você estiver indo para se tornar um teletrabalhador para a sua empresa existente ou outra. No entanto, se você começar do zero, pode ser um grande obstáculo a superar.

Para que a melhor base comece a funcionar, olhe bem para esse orçamento, tal como sugerido anteriormente. Se você falhar, essas dicas podem ajudá-lo a obter o dinheiro que você precisa para tornar seu sonho realidade:

Plano de Poupança: Isto pode levar mais tempo do que outras opções para ultrapassar problemas de fluxo de caixa, mas pode colocá-lo numa melhor posição financeira a longo prazo. Em vez de pedir dinheiro emprestado, este localizador de obstáculos simplesmente requer que você comece a construir suas economias de negócio por conta própria. Você pode fazer isso permanecendo em seu emprego regular e economizando dinheiro com seus cheques. Você também pode considerar lançar seu negócio a tempo parcial à noite para acumular dinheiro, contatos e renda.

Esta última opção mantém o dinheiro do seu trabalho diário e pode aumentá-lo com a empresa a tempo parcial. Em geral, esta é uma forma bastante prudente de superar problemas de dinheiro.

Empréstimos: Empréstimos de pequenas empresas, refinanciamentos hipotecários, segunda hipotecas e outras opções de empréstimo podem estar disponíveis para você começar seu negócio. Esta rota pode começar o seu sonho e dar-lhe dinheiro no banco para viver por um tempo, também. O perigo aqui é que você terá que fazer os pagamentos. Essencialmente, financiar um negócio com empréstimos envolve começar com livros em vermelho. Mesmo assim, se a sua ideia de negócio for boa o suficiente e as suas capacidades forem elevadas o suficiente, pode ser uma boa maneira de o fazer.

Subsídios: Às vezes é possível obter subsídios para iniciar um pequeno negócio. Isso vai depender muito do que você planeja fazer. Se você for elegível para subsídios, vale a pena solicitá-los. O facto é que os subsídios podem dar-lhe o dinheiro que precisa sem ter de pagar nada. Subsídios governamentais e de fundações podem estar disponíveis. Considere a opção, mas planeje um ótimo processo de aplicação. Se for bem sucedido na obtenção de subsídios, certifique-se de que o dinheiro vai exactamente para onde disse que iria também. Caso contrário, pode chegar a muita água quente!

Investidores Família, amigos ou outros conhecidos podem querer entrar no seu negócio no andar térreo. Embora esta seja provavelmente a opção menos recomendada, pode alimentar os seus sonhos de negócio muito rapidamente. Conte com a necessidade de reembolsar estes empréstimos ou oferecer uma parte do seu negócio a estes "parceiros".

Os problemas de dinheiro podem sempre ser superados se você estiver determinado a fazê-lo. Considere as suas opções e prossiga com a opção ou opções que melhor se adequam a si.

✓ *RESILIÊNCIA FAMILIAR*

A resiliência familiar também pode ser um problema quando você está considerando se tornar uma mãe trabalhadora. Se não tiver todo o apoio dele, pode estar em apuros.

Aqui estão algumas dicas para superar os problemas que podem surgir:

Destaque os benefícios: Certifique-se de que o seu parceiro compreende perfeitamente o que o seu trabalho em casa pode significar para a sua família. Embora você tenha deveres a cumprir, você estará mais disponível para a sua família.

Fale com o Potencial de Poupança: Indique quanto vai poupar em gasolina, almoços no exterior, jantares de fast food e cuidados infantis. Estas despesas podem somar-se muito rapidamente e podem até compensar qualquer perda que você enfrentaria, deixando seu emprego atual, se essa for a sua intenção. Muitas mães acham que eles gastam aproximadamente o mesmo que no trabalho com essas despesas que podem ser eliminadas de uma folha de orçamento se você trabalhar em casa.

Destaque os ganhos potenciais: Certifique-se de que a sua família sabe que fez o dever de casa para a sua ideia de negócio. Mostrar-lhes proteções de lucro, clientes potenciais e assim por diante. Se você já tem clientes que se registraram, esta pode ser uma rápida mudança de opinião com certeza.

Se o seu parceiro não tem a certeza de que o pode fazer, prove-o. Comece o seu negócio a tempo parcial e aumente-o cuidadosamente. Uma vez decolando, será possível fazer a transição e não comprometer a renda da família. Tenha em mente que seu parceiro provavelmente apoia sua decisão 100%, mas pode temer "e se...". Isto é bom. Mostra ao teu parceiro e a ti próprio que consegues fazê-lo.

A resistência familiar é geralmente muito fácil de superar. Se fizeste os trabalhos de casa, deves ser capaz de vender o teu plano muito bem.

No entanto, se você é como a maioria das pessoas, o trabalho mais difícil de vender será com você mesmo. Tens de acreditar que consegues fazê-lo para seres uma mãe trabalhadora em casa. Um dos maiores obstáculos que vais enfrentar nesta frente é o isolamento.

✓ *RECEIOS DE ISOLAMENTO*

Trabalhar em casa pode levar a uma sensação de isolamento. Não se enganem, terão de ser proactivos nesta frente. A menos que você esteja perfeitamente satisfeito para lidar com as pessoas apenas por telefone e e-mail, você vai querer fazer algumas disposições para uma vida social com antecedência. Tenha em mente que algumas idéias de negócios o farão sair de casa mais do que outras, mas é provável que você queira fazer um plano para vencer e superar os medos do isolamento.

Então, *como você pode garantir que suas necessidades de conversação, networking e interação entre adultos sejam atendidas?* Estas coisas podem ser salva-vidas para mães que trabalham em casa:

Junte-se a um grupo de mães: Esta é uma ótima maneira de sair de casa e passar algum tempo com o seu filho longe do seu novo "escritório". Quando você se junta a um grupo de mães, você pode conhecer novas pessoas e alimentar sua necessidade de conversar. Ao mesmo tempo, você vai dar ao seu filho a interação tão necessária. Muitos grupos de mães oferecem um programa completo de atividades que você pode escolher. Alguns até oferecem eventos noturnos para te tirar de casa só com as meninas.

Se vais vender, trabalhar como consultor ou fazer qualquer coisa que te possa tirar de casa, aproveita o tempo pelo menos de vez em quando. Embora o plano seja trabalhar em casa tanto quanto possível, sair várias vezes por semana não é uma coisa má. Na verdade, pode ser bom para si e para o seu filho. Uma pequena oportunidade de paisagens e rostos nunca magoa ninguém!

Junte-se a grupos de trabalho em rede: Reserve um tempo para se juntar a grupos de trabalho em rede, à sua câmara de comércio local ou a outras organizações empresariais. Faz isso e podes matar dois coelhos com uma só pedra. Não só você vai desfrutar da interação dos adultos, mas você também será capaz de impulsionar o seu negócio ao mesmo tempo.

Vai às reuniões: Se você vai trabalhar remotamente ou mesmo como consultor, não se esqueça de comparecer às reuniões pessoalmente de tempos em tempos. Isto irá tirá-lo daqui e dar-lhe-á tempo para recarregar as suas baterias entre outros adultos que trabalham.

Fique em contato com seus amigos: Confie na mesma rede de suporte que você tem há anos para mantê-la funcionando quando você trabalha em casa. Ligue para seus amigos para sair à noite com garotas, se divertir ou assistir a filmes nos finais de semana. Só porque agora trabalhas em casa não significa que não possas sair de casa.

Planeje as Noites de Data: Reserve um tempo para namorar seu cônjuge ou parceiro. Uma noite por semana ou mesmo uma noite por mês para trabalhar como casal pode ser uma mudança de ritmo muito necessária. Além disso, pode ajudar a manter a tua relação fresca e forte.

Desfrute de um passatempo: Saia de casa sozinho à procura de um passatempo que sempre quis fazer. Faça uma aula, aprenda a jogar tênis, faça algo que você acha interessante em um nível pessoal. O voluntariado também pode ser uma ótima maneira de sair e fazer algo agradável. Mesmo uma hora por semana dirigindo refeições para os idosos pode ter um grande impacto na sua psique. Tenha em mente que não fazer nada além de trabalhar e cuidar de sua família vai queimá-lo rapidamente. Tens de ter algo que seja todo teu, também. Mesmo que seja uma hora por mês a fazer algo que gostes, fá-lo!

Não te preocupes em trabalhar em casa, tornando-te um isolacionista. Você pode superar este obstáculo muito facilmente.

Mais opções

Já estabelecemos que estás a trabalhar numa carreira há algum tempo. Isto dá-lhe uma pequena vantagem quando se trata de explorar as suas opções. Você tem habilidades no lugar que poderia muito provavelmente traduzir em uma carreira de teletrabalho ou um novo empreendimento empresarial que é todo seu. Agora é o momento de realmente explorar suas opções e decidir como você pode fazer o trabalho em casa trabalhar para você.

Se você não quer levar suas habilidades atuais para um novo empreendimento comercial, não se preocupe. Há opções que requerem muito pouco tempo de reciclagem. Algumas ideias de negócio também são bastante intuitivas, por isso não pense que precisa de ser educado para fazer o que faz agora. A não ser, claro, que que queiras!

Vamos dar uma olhada em algumas das opções onde você pode abrir a porta.

- ### *TELETRABALHO PARA O SEU ACTUAL EMPREGADOR*

Se você tem trabalhado para o seu atual empregador por um tempo e ama o trabalho, mas quer ficar em casa, o teletrabalho pode funcionar para você. Se o seu empregador já usa teletrabalhadores, você terá uma vantagem. Caso contrário, dedique algum tempo para discutir o assunto com o seu supervisor e superiores.

O teletrabalho é cada vez mais aceite nos principais locais de trabalho. Há ainda um número de empresas da Fortune 500 que permitem que seus funcionários trabalhem em casa todo ou parte do tempo. Os benefícios de levar o seu trabalho para casa e ficar com a sua empresa actual podem ser extensos. Estes incluem

Se você fizer em casa o que já faz no escritório, a curva de aprendizado será inexistente. Esta é uma óptima maneira de ter o teu bolo e comê-lo, também.

Extensão de Benefícios: Se você permanecer empregado em sua empresa atual, não perderá nenhum dos benefícios oferecidos. Isto pode ser um grande problema para algumas famílias, por isso não desconte o valor.

Renda Garantida: Sua família não perderá um centavo se você trabalhar remotamente. Na verdade, você pode acabar ganhando mais graças à economia nos custos do trabalho em casa que já discutimos. Isto pode ser uma grande vantagem para si e para a sua família. Ele também pode funcionar bem como uma ferramenta para convencer sua família de que trabalhar em casa é certo para você.

O teletrabalho tem os seus prós e contras. Se optar por ficar com o seu actual empregador, será limitado a um salário fixo. Provavelmente, as suas horas também serão monitorizadas. Isso pode tirar-lhe algumas das liberdades que você esperava que gostasse de trabalhar em casa. Considere cuidadosamente os altos e baixos desta opção antes de prosseguir. Outras opções estão disponíveis.

- ### *CONSULTORIA NA SUA ÁREA*

Talvez já não queiras trabalhar para o teu actual patrão. Ou, talvez você tenha descoberto que sua empresa simplesmente não permite teletrabalho por qualquer motivo. Não tomes isto como uma barricada que não consegues ultrapassar. Se você desenvolveu suas habilidades em um campo específico, você pode ser capaz de fazer a transição para uma posição de consultor.

Se você decidir contratar um consultor, você poderá "trabalhar" para sua empresa de acordo com seus termos e condições. Observe, no entanto, que você perderá o status de membro da equipe. Isso também significa, no entanto, que você pode consultar para outras empresas que podem se beneficiar de seu conhecimento, experiência e habilidades.

Os consultores estão em grande demanda em uma variedade de campos. De assessores jurídicos e operacionais para design, gestão e mais além, muitas empresas se voltam para um conjunto de "olhos" externos em uma base regular. Muitos também estão dispostos a pagar um bom preço por consultores profissionais.

Se você quiser fazer a transição para uma posição de consultor, considere o seguinte para começar o seu esforço:

Aproxime-se do seu negócio existente: Dependendo de suas habilidades, esta pode ser a maneira mais rápida de desfrutar de um sólido contrato de consultoria. Sua empresa pode se deliciar com a idéia de tirar você da folha de pagamento e economizar em benefícios, mas ainda assim ter suas habilidades disponíveis.

Junte-se a organizações comerciais: Para encontrar outras oportunidades, não se esqueça de se juntar a organizações comerciais e ficar atualizado com as reuniões, publicações e até mesmo anúncios de busca online que esses grupos postam. Esta pode ser uma ótima maneira de encontrar trabalho em seu campo em uma base de consultoria.

Certifique-se de que está na lista de ofertas do governo: Certifique-se de que está na lista de prestadores de serviços da cidade, condado, estado e agências federais que podem beneficiar das suas competências. Os contratos de consultoria governamental podem sobrecarregar as carreiras e oferecer rendimentos estáveis.

Há maneiras de ficar em seu campo existente e usar as habilidades que você aperfeiçoou ao longo do tempo para ganhar dinheiro de casa. No entanto, se você quiser uma mudança completa, há maneiras de fazer isso acontecer com pouco ou nenhum requalificação. Naturalmente, você sempre pode treinar novamente e pular novamente se quiser inserir um novo campo todos juntos.

"Escreva" seus objetivos

Escrever para viver é uma das opções mais estáveis e lucrativas para donas de casa experientes. Os escritores freelance são muito procurados em quase todos os campos imagináveis. Como mais empresas tomam seus negócios on-line, eles precisam de pessoas para escrever seu conteúdo, atualizar seus blogs, criar relatórios especiais, etc Esta opção pode permitir que você trabalhe em seu campo existente, analisar e também permitir que você diversifique para outros interesses.

Se você quer se colocar por escrito como seu novo negócio, você vai precisar ter algumas habilidades básicas. Além de ser capaz de encadear uma frase, você precisará ter um estilo de escrita decente, entender gramática e ser capaz de lidar com as pressões dos prazos.

Algumas das opções disponíveis para escritores freelance incluem:

✓ Blogging;
✓ Elaboração de relatórios;
✓ Escrita de relações públicas;
✓ Criação de conteúdos de Search Engine Optimization;
✓ Redação Técnica.

Escrever para viver pode ser uma opção de carreira excitante e gratificante. Para as mães que trabalham em casa e sabem escrever, as possibilidades são quase ilimitadas.

➢ *INTRODUÇÃO DE DADOS E OUTROS SIMILARES*

Digitar pode não ser a sua coisa, mas isso não significa que você não pode colocar suas habilidades de teclado para trabalhar. As posições de introdução de dados e outros empregos relacionados são sempre muito procurados pelos trabalhadores por conta própria e pelos trabalhadores remotos. Ter uma formação profissional pode ser um grande impulso para entrar também nestes domínios.

Alguns dos campos relacionados a considerar além da entrada de dados incluem:

- ✓ Cobrança médica;
- ✓ Transcrição médica;
- ✓ Transcrição;
- ✓ Trabalhar como assistente pessoal online;
- ✓ Agente de faturamento.
  -

➢ **VENDAS**

Se suas habilidades estão na área de vendas, você vai encontrar um mundo de possibilidades abertas para você. A realidade é que a venda é uma das maneiras mais fáceis de entrar em um negócio, mas pode ser um dos mais difíceis de alcançar. Mesmo assim, se fores bom nisso, o céu será o limite.

Se as vendas lhe parecerem boas, as opções relacionadas incluem:

Trabalhando como um grande representante, empresas estabelecidas que vendem artigos domésticos, cosméticos e outros produtos similares recrutam vendedores o tempo todo. Nestes casos, os fornecedores são contratantes independentes que definem os seus próprios horários, trabalham nos seus próprios territórios, etc. Esta pode ser uma ótima maneira de desfrutar de "possuir" um negócio sem ter que reinventar a roda.

Possibilidades de Franchising: Este é outro grande caminho a seguir se você quiser ter o seu próprio negócio e colher todas as recompensas. O Franchising pode dar ao seu negócio reconhecimento instantâneo e o apoio de que necessita para começar bem.

Outras Possibilidades: É possível transformar um hobby em um negócio, criar um produto para produzir e vender, lançar um site e assim por diante. Essas opções podem depender das habilidades que você já possui ou permitir que você desenvolva novas habilidades para seguir um caminho completamente diferente. Não deixe nenhuma pedra por virar nesta frente se quiser fazer algo completamente diferente.

As possibilidades de trabalhar em casa são limitadas apenas pela imaginação. Se você quer ficar em seu campo existente ou diversificar em uma nova direção, há maneiras de tornar realidade seus sonhos de trabalhar em casa. Basta ter tempo para explorar realmente suas opções, fazer sua lição de casa e ver qual caminho funciona melhor para você e sua família. Se precisares de nova formação ou de novas habilidades, relaxa. Podes começar a treinar um pouco mais facilmente do que pensas.

Sua aprendizagem

Você tomou uma decisão, explorou suas opções e descobriu que algum tipo de treinamento será necessário para que seus sonhos se tornem realidade. Não te preocupes muito. Há muitas opções disponíveis para você ter certeza de que receberá o treinamento que você precisa. Em muitos casos, você pode continuar a trabalhar em seu emprego de dia e estudar online ou ir à escola à noite. Em alguns casos, pode até ser possível iniciar a sua nova carreira em casa enquanto recebe formação adicional para fortalecer o seu negócio.

Então, *quais são as suas opções para obter o treinamento que você precisa?* Há três opções principais a considerar: faculdade, escolas técnicas ou programas de certificação.

- ## **VOLTAR PARA A FACULDADE**

Se você quiser fazer uma mudança dramática nos campos, a faculdade pode ser a melhor opção para você. Graças aos programas de graduação online, no entanto, isso não precisa ser tão assustador quanto parece. É possível trabalhar durante o dia e assistir às aulas à noite.

Para facilitar o regresso à escola, considere estas dicas:

Há toneladas de programas de bolsas de estudo e subsídios para mulheres. Explore cada opção e não deixe nenhuma pedra por virar. Muitos destes subsídios e bolsas de estudo estão agora também disponíveis para cursos de graduação online. Preste também muita atenção às bolsas de estudo para mães trabalhadoras. Há organizações que vão pagar toda a conta das mães que procuram novas carreiras.

Se você já tem um diploma, você pode precisar apenas de alguns cursos para obter o treinamento que você precisa. Não te esqueças disso. Se você precisa de um programa completo de estudo, concentre-se no futuro para avançar.

Claro que queres estar no negócio agora mesmo! Se isto não for possível, não se apresse muito depressa. Trabalhar, ir à escola e cuidar de uma família pode ser muito trabalho. Tente pegar apenas o que é razoável e trabalhe com firmeza em direção ao objetivo final.

Voltar para a faculdade e obter um novo diploma pode ser uma ótima maneira de se reciclar para uma nova carreira. Pode demorar um pouco mais do que outras opções, mas é uma boa maneira de começar de novo.

- ***ESCOLAS TÉCNICAS***

As escolas técnicas podem fornecer o treinamento necessário para uma variedade de carreiras. Desde a concepção e venda de websites até à reparação de computadores e mais além, esta opção pode ser excelente por várias razões. Estes incluem

Custos: As escolas técnicas, especialmente se forem escolas estaduais ou municipais, tendem a ser muito mais acessíveis do que a faculdade.

Programação: As escolas técnicas tendem a ter horários muito flexíveis. Em muitos casos, os cursos de estudo podem ser bastante curtos, mas ainda fornecer as habilidades necessárias para iniciar uma nova carreira.

Aprendizado direcionado: Os programas técnicos não envolvem muitos cursos "extras" que os cursos universitários padrão tendem a exigir. Isso pode permitir que você vá direto para o ponto em vez de ter que girar as rodas na Basket Weaving 101.

- ***PROGRAMAS DE CERTIFICAÇÃO***

Programas de certificação de curto prazo podem ser a solução perfeita para certos campos profissionais. Transcrição médica, faturamento e até mesmo web design, por exemplo, podem ser aprendidos durante os programas de certificação de "cursos intensivos". Esta é uma excelente maneira de o fazer por uma série de razões, entre elas:

Tempo envolvido: Os programas de certificação são geralmente muito curtos em duração, mas fornecem a formação necessária para ter sucesso em determinados campos profissionais. Quando as certificações são combinadas com um diploma existente, um currículo geral pode ser muito atraente.

Custos envolvidos: Embora os preços dos programas de certificação variem, é claro, eles são geralmente muito mais acessíveis do que os programas de graduação completa.

Aprendizagem direcionada: Assim como

as escolas técnicas, os programas de certificação também oferecem um curso de aprendizagem muito específico. Isso é excelente para aqueles que não querem passar muito tempo em cursos que não têm nada a ver com o objetivo final de sua carreira.

Se o seu negócio de escolha vai exigir algum tipo de requalificação para desfrutar do sucesso, não entre em pânico. Há opções disponíveis que podem acelerar o esforço de aprendizagem. É mesmo possível manter os custos baixos em muitos casos, graças a subvenções e bolsas de estudo. Não deixes que o treino atrapalhe os teus sonhos.

Os empregos certos

Você selecionou seu campo, projetou seus planos e está pronto para ir. A questão agora é como começar a ganhar dinheiro. A menos que você esteja trabalhando remotamente para um empregador existente, você vai precisar de um plano de jogo para obter algum negócio. No início, conseguir os empregos certos provavelmente vai ocupar muito do seu trabalho. No entanto, existem métodos que podem ajudá-lo. O que funciona melhor dependerá da sua perseguição exacta.

- ### *CUSTOS DE PUBLICIDADE*

Quer pretenda vender um produto ou serviço, a publicidade será vital para o seu negócio. Seu campo real pode, no entanto, impactar os melhores lugares para colocar seus dólares de publicidade.

Para começar a conseguir clientes, considere estes potenciais veículos de publicidade:

Fontes locais: Jornais comunitários, estações de televisão e rádio podem ser um bom ponto de partida se não quiser expandir o seu negócio para além da sua região. Dependendo do tipo de corrida que você pretende perseguir em seu país, estes veículos podem fornecer um impulso incrível para um negócio.

Publicações comerciais: Se você pretende consultar, as publicações comerciais podem fornecer a chave para abrir a porta para o sucesso. A publicidade nestas publicações irá colocar o nome da sua empresa no centro das atenções com pessoas de campos que podem precisar da sua ajuda.

Websites fazem a diferença: Não importa em que campo você entra, pode ser muito útil para anunciar sua empresa online. Se você está vendendo, você pode vender diretamente online. Se você fornecer um serviço, você pode obter negócios usando um site da Web para promovê-lo. As empresas que têm sites na Internet costumavam ser uma raridade. Hoje em dia, isto é considerado uma marca distintiva de uma empresa profissional. Mesmo consultores têm seus próprios sites e, às vezes, blogs para explicar o que eles fazem, como eles fazem isso e por que eles devem fazer o trabalho.

Publicidade criativa: Se planeia vender um produto ou prestar um serviço que a população em geral pode usar, como contabilidade, contabilidade, etc., a publicidade criativa pode ajudá-lo a começar. Outdoors, anúncios bancários, brochuras e outras opções semelhantes podem ajudá-lo a levar o seu negócio ao destino.

- **OS SERVIÇOS DE EMPREGO PODEM AJUDAR**

Ir para consultoria ou até mesmo oferecer habilidades como freelancer pode ser uma boa maneira de fazer isso. Para conseguir empregos neste domínio, pode, por vezes, ser útil trabalhar directamente com agências de emprego. Uma vez que os empregadores são geralmente os que pagam por estes serviços, você não tem nada a perder ao seguir esta rota e tudo a ganhar.

Alguns dos benefícios de trabalhar com os serviços de emprego incluem:

Tenha acesso aos seus contactos: As agências de emprego estabelecidas tendem a ter uma longa lista de clientes. Isso significa que eles podem potencialmente fazer você entrar pela porta com contratos que você nem sequer sonhou em obter.

O fator de defesa: Os serviços de emprego não ganham dinheiro a menos que encontrem os profissionais certos para o trabalho. Para este fim, eles trabalham duro para combinar freelancers, consultores e empreiteiros privados diretamente com as empresas que podem usar seus serviços. Nunca custa ter os defensores do teu lado quando estás a tentar começar uma aventura em casa!

O fator especialidade: Há agências de emprego que se especializam em lidar com empreiteiros e consultores. Há até mesmo aqueles que trabalham exclusivamente em um determinado campo. Conectar-se com a agência certa pode realmente abrir portas e servir como um trampolim incrível para o seu negócio em casa.

- ### *WEBSITES PODEM SER UMA EXCELENTE ESCOLHA*

Se o seu plano é trabalhar mais ou menos na arena online, sendo online não só com o seu próprio site, mas também através de sites de emprego pode realmente pagar fora. Um grande número de sítios Web relacionados com o emprego surgiu para ligar os trabalhadores independentes e os proprietários de pequenas empresas a potenciais empregadores contratados. As vantagens de utilizar serviços deste tipo incluem:

Baixos custos: Os melhores serviços de pesquisa de emprego online cobram uma taxa de filiação, mas no geral, os preços tendem a ser baixos. Por alguns dólares por trimestre, você pode se encontrar com mais empregos do que você pode lidar.

Processos de licitação: Só por esta razão, passar pelos serviços de emprego online pode ser muito útil. Se você pretende trabalhar como um empreiteiro ou consultor, passando pelos processos de licitação on-line pode ajudá-lo a ver onde você pode precisar fazer melhorias. Se, por exemplo, não estás a ser suficientemente agressivo, vais aprender rapidamente. Além disso, alguns ambientes da solicitação de cotação estão abertos. Isso significa que você será capaz de ver o que sua concorrência está cobrando. Isto pode ajudá-lo a manter-se competitivo e a conseguir empregos no futuro.

Exposição: Os sites de emprego online tendem a atrair uma grande variedade de potenciais empregadores. Em muitos casos, os empregadores podem vir de todo o mundo. A exposição que você e sua empresa podem ganhar ao usar esses sites é incrível.

Formação: Além de aprender a gerenciar a concorrência, todo o processo de ir on-line para obter negócios pode servir como um grande treinamento para outras empresas. Depois de dominar a preparação de pacotes de licitações, por exemplo, poderá estar melhor preparado para passar por um processo de licitação do governo.

- ## AS FRANCISCANAS

Os franqueados tendem a ter um avanço. Se você optou por esta rota, você vai beneficiar de algumas coisas imediatamente quando se trata de desembarque de negócios para começar. Estas coisas incluem:

Treinamento: A maioria das grandes franquias e até mesmo algumas das menores oferecem treinamento não apenas no modelo de negócio, mas também em publicidade e marketing.

Reconhecimento instantâneo: As franquias têm a vantagem de ter um nome reconhecido. Isto, por si só, pode trazer negócios imediatamente. Se você escolher uma franquia que é menos conhecida, certifique-se de ter um bom modelo de negócio e um produto ou serviço de qualidade. É bom entrar no rés-do-chão pois o reconhecimento está a ser construído. Certifica-te de que a empresa é realmente uma que possas apoiar. Se não estás convencido de uma empresa, é provável que mais ninguém esteja.

Publicidade de grupo: Muitas franquias

realizam campanhas publicitárias nacionais. Eles fazem isso usando algumas das taxas de franquia que entram. Em alguns casos, os franqueados em uma área local também podem optar por fazer "compras em grupo" para aproveitar mais publicidade. Cada franqueado de uma região, por exemplo, vai chutar em X o valor de dólares para uma grande campanha. Isso aumenta a exposição sem custar muito dinheiro ao proprietário do negócio.

- ## *REDE DE TRABALHO*

Não importa em que campo você decidiu trabalhar, se você pretende possuir seu próprio trabalho em casa, o networking será importante. Em suma, esta é outra forma de publicidade. Isso, no entanto, não precisa custar muito e pode ser amortizado com uma tonelada de recompensas.

Há uma série de opções na frente das redes. A melhor opção ou opções para você vai depender do tipo de negócio que você planeja entrar. Algumas das suas opções de rede incluem:

Câmaras de Comércio: Não importa em qual campo você pretende entrar, esta pode ser uma excelente opção para chegar ao seu mercado local. Quando se juntar a uma câmara, não só tornará o seu negócio conhecido, como também beneficiará da oportunidade de se afastar do "home office". Além disso, muitas câmeras oferecem valiosas sessões de treinamento de negócios a um custo muito baixo para os membros.

Redes online: Há grupos online que ajudam os proprietários de empresas que operam na web a conhecerem-se uns aos outros. Esta é uma ótima maneira de chegar até outros empreendedores. Se você pretende trabalhar como empreiteiro ou consultor, esses grupos também podem produzir resultados com alguns negócios sérios.

Grupos de trabalho em rede: Assim como as câmaras de comércio locais, esses grupos podem ser muito benéficos para tornar seu nome conhecido em sua comunidade. Os grupos em rede também desempenham uma função social e educativa bastante benéfica. Nunca faz mal ter outras pessoas na sua situação para conversar e aprender com elas.

Patrocínios: Esta é uma forma diferente de levar o nome da sua empresa à comunidade local, mas pode valer a pena. Patrocinar um evento local, uma equipa desportiva, uma aula. Dar a conhecer o seu nome a pessoas que o reconheçam pela sua lealdade à comunidade e pagar-lhe com o seu apoio.

Obter os empregos certos pode exigir um esforço concertado. Você precisará saber onde procurar, como espalhar a palavra sobre si mesmo e como estabelecer uma rede adequada. Não te preocupes se nunca fizeste isto antes. Chegará a ti a seu tempo. A publicidade é a parte fácil, mas vai custar dinheiro. Networking pode ser um pouco difícil para o tímido, mas isso pode ser tão importante quanto qualquer tipo de anúncio pago que você pode encontrar.

Como montar um escritório em casa?

Tomou uma decisão e planeia trabalhar em casa. Que bom para si! Mesmo que você tenha seu campo escolhido, o dinheiro no lugar e um plano de negócios tudo pronto para ir, ainda há mais trabalho a ser feito. Talvez um dos maiores e mais importantes passos ainda não tenha sido dado. Para trabalhar em casa e ter sucesso, você precisa de um lugar para chamar de seu.

Sim, claro, queres estar com a tua família e no meio disto tudo. Ainda assim, se você não tem um escritório para ligar para o seu quando precisar, você pode se arrepender muito. O fato é que fazer ligações telefônicas para clientes com uma criança pequena gritando em segundo plano pode ser embaraçoso. Escrever reportagens sobre o prazo enquanto sua família assiste televisão pode ser uma distração. Para superar e vencer esses problemas, você precisará de um escritório em casa. Além disso, ter um vai dar-lhe uma dedução de imposto embutido!

Para que um escritório em casa realmente funcione para você, vale a pena explorar o que você realmente precisa. Também é uma boa idéia lembrar por que é importante ter seu próprio espaço.

➢ *O QUE VOCÊ PRECISA*

Um escritório em casa não precisa ser elaborado para ser eficaz. A quantidade ou quantidade de espaço necessário dependerá dos seus gostos pessoais e do espaço disponível. Em geral, enquanto houver conexões de utilidade - telefone, cabo, etc. - e uma porta, tens de estar preparado. Até mesmo problemas úteis podem ser resolvidos com redes sem fio e cabos de extensão.

Além do espaço, você provavelmente precisa dessas coisas para montar um escritório em casa corretamente:

Uma mesa: Elaborar não é importante aqui. Você pode ir tão básico quanto usar um pedaço de madeira colocado em cima de dois armários de arquivo. Desde que você tenha um espaço de trabalho para seus papéis e arquivos importantes e esteja bem nesta frente.

Computador e outros equipamentos: Quase todos os campos em que você entrar exigirão um computador hoje em dia. Se você pretende teletrabalhar para seu empregador atual, isso é provavelmente uma necessidade. Mesmo que você queira começar uma nova carreira, ter um computador para trabalhar pode ser muito sábio. Invista em uma boa máquina e certifique-se de ter um backup também. Nada pode deixar de lado um negócio mais rápido do que problemas de computador! Ele também pode ser uma boa idéia para considerar serviços de backup de unidade de disco rígido online para se certificar de que suas bases são cobertas em caso de um acidente. Além da configuração básica de um computador, você precisará considerar coisas como um telefone, uma copiadora e um fax. Se o seu campo requer equipamento especial, você também precisará planejar para ele.

Uma porta: Mais uma vez, você não precisa trabalhar no escritório central o tempo todo. Se você quer estar na cozinha com um laptop enquanto prepara o jantar, você é o chefe! No entanto, ter uma porta para fechar quando necessário pode ser imperativo para a concentração. Também pode ajudar a lembrá-lo de que você está "no relógio". Além disso, ter uma porta também pode lembrar aos membros da família que você está "no relógio". Lembre-se, a sua família pode ter um período de adaptação suficientemente longo para você trabalhar em casa. O espaço privado pode servir como um grande lembrete de que o fato de que a mãe está em casa não significa que ela pode lidar com todos os problemas que surgem.

➤ *PORQUE PRECISAS DE UM ESCRITÓRIO EM CASA?*

Mesmo que a sua casa seja pequena e encontrar um espaço para a esculpir seja um desafio, faça-o acontecer. Quer esteja a guardar um canto de garagem, a usar um armário ou a reclamar um quarto extra, basta reclamar um espaço!

As razões pelas quais isto é tão importante incluem:

- ✓ Privacidade;
- ✓ Profissionalismo;
- ✓ Dedução fiscal, que pode ser muito importante;
- ✓ A tua sanidade!

Um escritório em casa pode ser um pouco complicado de criar, mas pode valer a pena dar-lhe o espaço que você precisa para trabalhar. Não importa qual seja o seu trabalho em casa, a privacidade será apreciada. Podes contar com isso!

➢ *DICAS PARA O SUCESSO*

Enquanto o caminho para o sucesso pode variar muito dependendo do negócio que você planeja seguir, há algumas dicas gerais que podem ajudá-lo, não importa o que aconteça. Algumas das melhores dicas para mães incluem:

Seja paciente: Trabalhar em casa pode ser muito gratificante. Também pode ser terrivelmente frustrante. Quando seu filho de 8 anos lhe conta a mesma história pela quinta vez enquanto você está em um prazo final, sua paciência pode acabar. Respire fundo, conte até 10 e explique que adoraria ouvi-lo daqui a pouco.

Acredite em si mesmo: Como você não é um estranho no mundo do trabalho graças à sua carreira original, você deve ter uma vantagem neste caso. Ainda assim, pode ser muito desencorajador ter o seu próprio negócio e não ter uma "empresa" para recorrer. Acredite em si mesmo, faça um balanço das suas habilidades e avance a toda a velocidade. Se você foi capaz de desfrutar de uma carreira de sucesso trabalhando para outra pessoa, não há razão para você não poder fazer tudo por si mesmo!

Definir horas de trabalho: Isto não pode ser stressante o suficiente. Você tem que estabelecer uma rotina durante a maioria dos dias para poder trabalhar em casa. Se preferes passar o dia inteiro com os teus filhos, fá-lo. Certifica-te de que dás um murro quando fores para a cama. Você tem que ficar com ela para fazer uma aventura em casa.

Promova você mesmo: Reserve um tempo para espalhar a notícia sobre o seu negócio. Se não o fizeres, mais ninguém o fará. Seu sucesso final residirá não só em suas habilidades, mas também em como você faz isso para atrair clientes e contratos.

Seja persistente: Lançar qualquer tipo de negócio requer tempo e dedicação. Se você está trabalhando em casa, você ainda vai enfrentar os mesmos obstáculos que qualquer empresa enfrenta. Terá de ser diligente e persistente para os superar.

Mantenha seus contatos abertos: Você está deixando uma carreira em uma empresa para ficar em casa com sua família e começar seu próprio negócio. Certifica-te de que manténs os contactos que fizeste ao longo dos anos abertos. Eles podem ser fontes valiosas de negócios para você no futuro. Isso não importa se você ficar no seu campo ou se planeja seguir um caminho ligeiramente diferente. A realidade é que sua reputação atual pode ajudá-lo muito, não importa em que campo você entra. Deixe que seus antigos contatos saibam o que você está fazendo e mantenha você e sua empresa na vanguarda de suas mentes.

Seja realista: Não espere construir uma empresa Fortune 500 a partir da sua garagem em 10 dias ou menos. Embora este seja um objectivo fantástico, não é prudente esperar tal sucesso desde o início. Você pode ficar desanimado e prejudicar suas chances de desfrutar de seu objetivo. Certifica-te de que as tuas expectativas são realistas.

Aprenda a multitarefa: Você decidiu ficar em casa por uma razão: sua família. Certifica-te que lhes poupas tempo. Como você trabalha na sua empresa, isso pode significar que você precisa fazer várias tarefas ao mesmo tempo. Aprenda a preparar o jantar enquanto estiver ao telefone. Faça chamadas enquanto está sentado na fila do carro da escola do seu filho. Prepare mailings em massa enquanto vê televisão com a família à noite.

Não se esqueça de si mesmo: pode ser muito tentador colocar tudo o que você tem na sua família e no seu negócio. Embora isto possa parecer uma óptima ideia, pode queimar-te rapidamente. Certifica-te de que ganhas algum tempo. Isto irá ajudá-lo a relaxar, relaxar e recarregar. Mesmo 20 minutos por dia lendo uma série de livros favoritos, meditar ou correr pode dar-lhe o tempo que você precisa para ser você mesmo. Ignore isto e a sua família, o seu negócio e todos vocês vão provavelmente sofrer.

Os benefícios...

A menos que você tenha decidido teletrabalhar para seu empregador atual, é provável que esta seja uma pergunta que o manterá acordado à noite. Mesmo quando você tem sua lição de casa feita e seu negócio pronto para começar, a questão dos lucros pode queimar sem resposta.

Então, como você pode preencher as lacunas que surgirão quando você deixar o emprego em tempo integral para uma posição na casa da sua criação?

Felizmente, tens algumas opções. A maioria das mães trabalhadoras pode cobrir suas bases em termos de seguro de saúde, aposentadoria e até mesmo poupança. Não deixe que este obstáculo em particular funcione como um obstáculo de tropeço.

➢ SATISFAZER AS NECESSIDADES MÉDICAS

A cobertura médica, odontológica e oftalmológica estão geralmente entre as maiores preocupações das mulheres profissionais que planejam mudar para um negócio baseado em casa. As opções estão disponíveis. O que funciona melhor para você dependerá da situação única da sua família. Algumas das opções que você pode querer explorar incluem:

Colocar a família no seu seguro de "Casal Significativo": Se o seu parceiro tem seguro através do seu local de trabalho, o seu acordo é muito fácil. Você e as crianças podem ser acrescentados à sua apólice. A maioria das empresas permitirá mudanças de meio do ano como esta se um grande evento tiver ocorrido em uma família. No pior dos casos, você terá que esperar até a inscrição aberta.

Opções de apólice privada: É possível adquirir um seguro privado para cobrir você e sua família. No entanto, tenha em mente que muitas apólices de compra privada não cobrem condições pré-existentes. Algumas condições médicas irão, de facto, impossibilitar a aquisição de apólices privadas para indivíduos.

Opções de Grupo: Esta é uma solução para aqueles com condições pré-existentes. É possível colocar um negócio baseado em casa em um grupo. O resultado final será uma política muito semelhante à oferecida por um empregador regular. Isto significa que alguém com uma condição médica não pode ter a cobertura negada. A desvantagem é o facto de os custos poderem ser bastante elevados. No entanto, a opção pode ser uma boa solução para aqueles que precisam dela.

Cobrir suas necessidades médicas pode não ser tão difícil ou tão caro quanto você pensa. Explore todas as opções de perto e escolha a que melhor se adapta à sua família.

➢ *RETIREMENTO...*

O seguro saúde é a primeira e maior preocupação das profissionais do sexo feminino quando decidem fazer a transição para o trabalho em casa. Mas não é o último. É igualmente importante garantir que os benefícios ou poupanças de reforma estão em vigor. Por favor, note que você será seu próprio chefe na maioria dos cenários que discutimos. Isso significa que se você não economizar para a aposentadoria, ninguém mais é capaz de fazê-lo em seu nome.

Então, *como podes ter a certeza de que tens um ninho de poupanças para os teus Anos Dourados?* Estas opções estão disponíveis para você:

Contas de Aposentadoria Individuais: Contas individuais podem ser muito benéficas na poupança para o futuro. Não só tendem a oferecer bons ganhos de taxa de juro, como também podem compensar os seus ganhos quando é tempo de tributação. No entanto, devido a limitações de contribuição, você pode querer ter mais do que este cartão em sua manga.

401ks: Este veículo de poupança-reforma pode colocar outro veículo no seu plano de poupança-reforma. Vai precisar de consultar uma empresa de investimento para a reforma sobre como começar uma. No entanto, se você incorporar o seu negócio, esta opção deve estar aberta para você.

Acções e Obrigações: Estas podem revelar-se um pouco de alto risco, mas podem ser recompensadas com grandes recompensas. Mas tenha cuidado e não ponha todos os ovos no mesmo cesto.

Outras opções: Existem muitos outros veículos de investimento que podem ajudá-lo a substituir uma conta de aposentadoria apoiada pela empresa. Considere investir em ouro, imóveis e outros investimentos tangíveis similares.

Se o seu negócio é um que poderia eventualmente ser vendido, isso também poderia contar como um investimento de aposentadoria.

Só porque o seu antigo empregador não financia uma política de aposentadoria não significa que você não pode economizar para o seu futuro. Com um bom plano e um pouco de disciplina, você pode ter certeza que você tem uma reserva para tornar seus Anos Dourados mais confortáveis.

> ### *OUTRAS ECONOMIAS*

A aposentadoria não será ou não deveria ser a única economia que você considera ao lançar um novo negócio baseado em casa. Você provavelmente também vai querer que um fundo para os dias de chuva seja criado. Isto pode ser usado para cobrir o seu negócio em períodos de tempo lento. Você também pode querer isso para economias gerais para férias, melhorias em casa e emergências.

As opções para fazer com que o seu dinheiro funcione melhor em relação à economia geral incluem:

Contas do Mercado Monetário: Este tipo de veículo de poupança não vai lhe dar uma pequena fortuna, mas você pode garantir que seu dinheiro economizado vai ganhar algo. A maioria dos bancos oferecem esses serviços e oferecem juros para que você possa deixar seu dinheiro trabalhar para você.

Títulos de curto prazo de poupança dos EUA: Títulos e outros negócios de curto prazo podem ser uma boa maneira de ganhar um pouco mais com suas economias.

Fácil de Liquidar Investimentos: Alguns investimentos como ouro, moedas colecionáveis ou selos também podem funcionar bem em dias de chuva. Estes também podem ser uma boa maneira de ganhar algum dinheiro sem assumir um grande risco no processo. Não é prudente utilizá-las como a única forma de poupança, mas podem ser incluídas num plano global.

Substituir benefícios não é tão difícil como parece. Os veículos estão disponíveis para a maioria das mães em casa para tornar a cobertura base possível.

Como gerir com sucesso a casa e o trabalho

Se você está acostumado a trabalhar em um escritório e ter uma demarcação clara entre trabalho e vida familiar, malabarismo pode ser um grande desafio. A realidade é que se você está tomando a decisão consciente de ser uma mãe que trabalha em casa - mesmo que você trabalhe remotamente - você estará borrando as linhas que criam limites. Para equilibrar tudo, vais precisar de um plano.

Estas dicas podem ajudar:

Aprenda a priorizar: Como você será o único em casa, você provavelmente terá muito mais em seu prato. Sentir-se-á compelido não só a cuidar do seu filho e do seu negócio, mas também da sua casa. Não podes fazer tudo. Aprender a priorizar o que deve ser feito e o que você pode esperar será essencial. Da mesma forma, aprenderemos também a delegar alguns deveres a outros membros da família, sempre que possível.

Aprenda a deixar passar algumas coisas: Se você tem uma criança doente e um grande contrato em jogo, suas prioridades são claras. Essas duas coisas vão exigir a tua atenção. Se as tuas roupas se acumulam e os teus pratos não se lavam, deixa-os ir. Vão esperar até amanhã. O seu filho e o seu cliente não vão!

Aprenda a pedir ajuda: És inacreditável, mas és apenas humano. Ele vai precisar de ajuda às vezes. Não tenhas medo de perguntar.

Tenha um plano de backup: Haverá alguns dias em que você não será capaz de acompanhar seu filho e seu trabalho também. Certifica-te de que tens um plano de reserva. Procure um parente para cuidar da criança ou até mesmo para cuidar da criança em uma creche local. Não faz mal não ser sempre o técnico de saúde. Na verdade, às vezes as crianças se dão melhor com a socialização se puderem estar em grupos de vez em quando.

Aproveite ao máximo o tempo de inatividade: Aproveite qualquer tempo de inatividade que você tenha para tratar de projetos que precisam ser concluídos. Enquanto o seu bebé dorme, por exemplo, faça os seus telefonemas. Enquanto o seu filho toma o pequeno-almoço, comece a preparar o jantar num fogão lento. Lembra-te de ganhar algum tempo também.

Passar de uma mulher que trabalha num escritório para uma mãe que trabalha em casa pode ser uma grande transição. Seja simpático consigo mesmo e aprenda a manter as coisas em perspectiva. Podes fazer malabarismos com muitas bolas ao mesmo tempo. No entanto, não podes fazer o tempo todo sozinha.

Conclusão

Trabalhar em casa não é para todos. Certifique-se de realmente explorar as opções e considerar suas motivações. Se você sabe que você vive e respira trabalhando em um escritório com muitas pessoas ao seu redor, você pode não ser feliz em casa. Embora soe bem ser capaz de passar tempo com seu filho, se você realmente quer estar em um escritório com pessoas, você pode fazer com que todos se sintam infelizes se você fizer isso de forma diferente. Se a sua personalidade não se encaixa no perfil do trabalho em casa, não entre em pânico. Você pode ter uma carreira longe de casa e ainda ser uma excelente mãe. Reconhecer que você precisa de algo diferente pode ser bom para o seu filho.

Agora, se você decidiu que se mudar é realmente bom para você, suas chances de aproveitar o sucesso devem aumentar. Para realmente dar um passo sério em qualquer carreira em casa, você vai precisar ter um plano no lugar. Isto terá de incluir o financiamento inicial, um plano de negócios e até mesmo algumas perspectivas de publicidade, marketing e uma base de clientes. Faça o seu trabalho de casa e vá em frente com cautela. Num instante, o seu negócio deve estar a funcionar.

Lembre-se que, enquanto trabalhava em casa, o seu campo de jogo mudou drasticamente. Você terá que ser capaz de fazer malabarismos, exercitar a paciência e manter um senso de humor sobre si mesmo. O trabalho será importante, mas também o teu outro trabalho: ser mãe.

Estabeleça seus objetivos e tente alcançá-los. No entanto, exerça alguma flexibilidade. Haverá dias em que você não poderá entrar no "escritório" até a meia-noite e outros em que tudo flui suavemente da rotina da manhã para a hora de dormir. A beleza de ser uma mãe que trabalha em casa é que você deve ter a capacidade de se adaptar às necessidades do dia. Este benefício particular pode valer todo o esforço necessário para lançar um negócio em casa.

Tornar-se mãe trabalhadora em casa é muito importante para uma mulher de carreira. Mantém-te firme e sê paciente. Se fizeres isto, podes tornar os teus sonhos realidade.

Basta lembrar que tudo não vai acontecer da noite para o dia e que vai levar tempo até que você veja uma mudança em sua vida para melhor.

Agora sim, desejo-lhe o melhor em seus resultados, e lembre-se, tudo é prático; teoria sem ação não tem utilidade para você.

Um grande abraço, o teu amigo Jessy!

By the way, quando você conseguir seus

resultados pouco a pouco, eu recomendo-o altamente, se você quiser aprender muito mais sobre os métodos de fazer dinheiro, o livro de um grande autor de quem eu aprendo muito, sobre "ESTRATÉGIAS SEGRETAS PARA FAZER MUITO DINHEIRO NO NEGÓCIO MULTINIVEL", é um livro que eu tenho certeza que vai ajudá-lo muito no seu caminho para a "liberdade financeira".

Sem mais delongas, você pode encontrá-lo no motor de busca da Amazônia, como: "Estratégias secretas para ganhar muito dinheiro no negócio multi-nível" ou procurando o seu nome, como: "Gaston Echevarria"... Mais uma vez, desejo-lhe sucesso nos seus resultados!